AF343114

1745,
1845 ET 1945,

Revue.

COUPLETS.

Air *De Partie et revanche.*

Depuis que Dieu créa le premier homme,
Depuis Adam, père du genre humain,
Avez-vous bien remarqué comme
Le progrès a fait du chemin ?
Je dirai plus, et j'en suis bien certain :
Si, dans la céleste fabrique,

On avait eu mon talent d'inventeur,
On aurait fait l'homme à la mécanique,
Et fabriqué la femme à la vapeur.   (*bis.*)

AIR: *Simples soldats.*

Ce bon Pierrot qui fait rire aux éclats,
Ici, vraiment, serait bien à sa place.
Aux Funambul's ne le voyons-nous pas
    Tour-à-tour malin et bonasse ?
Son naturel à Paris admiré,
A fait sa vogue, et chaqu' soir nous démontre
    Que, par le public vénéré,
Le vrai talent en France est admiré,
Sous quelque forme qu'il se montre.

AIR: *Non jamais.*

    Grand Dieu ! que d'escamoteurs
    On rencontre dans ce monde !
    Combien l'espèce est féconde
    En France comme ailleurs.

Ce chanteur, d'une haute note
Ne pourrait atteindre le son,
Sans façon il vous *l'escamote*
Avec un grand coup de talon.
    Cette veuve inhumaine,

— 3 —

Belle en dépit du temps,
Escamote sans peine
Au moins cinq ou six ans!

Grand Dieu! que d'escamoteurs! etc.

Combien d'industriels alertes
Escamotent force brevets
Pour d'importantes *découvertes*
Qu'ils ne *découvrirent* jamais!
Pendant une séance,
Ce ministre voudrait
Escamoter d'urgence
Un énorme budget!

Grand Dieu! que d'escamoteurs! etc.

Air *nouveau*.

Le jour d'un combat
Est le plus beau jour de la vie!
C'est là que l' soldat
Se montre dans tout son éclat.
Brav'ment il se bat,
Et s'il meurt, c'est pour sa patrie!
C'était son mandat;
Il se trouv' quitte envers l'état.
Il n'est, sur ma foi,
Rien de plus beau qu'une bataille!

D'ici je me voi
Chargeant l'ennemi sans effroi !
Tout, autour de moi,
Tombe frappé par la mitraille ;
Je reste debout !
Renversant tout !
Culbutant tout !
Là, nos jeun's troupiers,
La gloire et l'honneur de la France,
En braves guerriers,
Partout vont cueillir des lauriers !
Ils diront, hélas !
Si le sort trahit leur vaillance,
Comm' ces vieux soldats :
« Mourons ! mais ne nous rendons pas ! »
L'ennemi battu
Cède à notre valeur guerrière ;
Culbuté, vaincu,
Il fuit !.. pour lui tout est perdu !
Voyez ce français
Couché mourant dans la poussière !
Il expire !.. mais,
Son drapeau
Lui sert de tombeau !..

Le jour d'un combat
Est le plus beau jour de la vie !
C'est là que l' soldat
Se montre dans tout son éclat !

Brav'ment il se bat,
Et s'il meurt, c'est pour sa patrie !
C'était son mandat,
Il se trouv' quitte envers l'état.

AUG. JOUHAUD

AIR : *Une chanson bretonne.*

Vois-tu, loin du rivage,
Notre père en danger ?
Hélas ! contre l'orage
Qui peut le protéger !
Grand Dieu ! de ce naufrage
Préservez le marin,
Et pour vous rendre hommage,
Nous mettant en chemin,
Pour un pèlerinage
Nous partirons demain,
Dès demain.

AIR : *(Musique de M. Beaucourt).*

Antiquaire savant,
Je voyage souvent,
Pour avoir sous la main
Tous les trésors du genre humain.

Partout j'ai su glaner une relique,
Car rien n'échappe à mon tact érudit ;
Et mon costume est un musée antique,
Qu'on voit s'ouvrir quand j'ouvre mon habit.
    Vous voyez le gilet
    Que Louis quinze portait,
    Le pourpoint d'Henri trois,
    Le gantelet du beau Dunois.

Gens ignorants, trop vulgaires profanes,
Avec respect contemplez ce beau jonc,
Car il a vu la bataille de Cannes,
Bref ! c'est un jonc qui me vient de Dijon.
    Ce cothurne romain
    Est celui que Tarquin,
    Chez Lucrèce, sans bruit,
    Voulut déposer à minuit.

Du juif errant vous voyez une botte,
Botte qui fit le tour de l'univers ;
De Dagobert j'ai sur moi la culotte,
Celle qu'un jour il a mise à l'envers.
    Cette visière, qui
    Semble vulgaire ici,
    Naguère ornait le chef
    Du célèbre Pepin le Bref ;

De Vespasien, grand lecteur de gazettes,
J'ai conservé plusieurs antiquités,

Et sur mon nez vous voyez les lunettes
Qu'il inventa pour ses commodités.

Antiquaire savant, etc., etc.

AIR : *Et comme elle, à la soixantaine,*

L'envie a d'étranges mystères !
J'ai vu des soldats envieux ;
Envieux, j'ai vu des notaires ;
J'ai vu des auteurs envieux ;
Envieux, je le suis moi-même !
Tous les hommes sont envieux ;
Bref, le croirait-on, j'ai vu même
Jusques à des tailleurs en vieux !

AIR (*musique de M. Beancourt.*)

L'Orgueil est roi suprême,
Chacun lui fait accueil ;
Le plus humble lui-même,
Sans le savoir, cède à l'Orgueil.

Lorsque Diogène apostrophe
Un conquérant victorieux,
Sous les haillons du philosophe
Se cache un vieillard orgueilleux ;
Quand la rosière de village

De l'amour évite l'écueil,
Bien souvent elle reste sage
Moins par vertu que par orgueil.

L'Orgueil est roi, etc,

Mortels ! mon pouvoir vous menace ;
Vous appartenez à l'Orgueil ;
Au berceau l'Orgueil vous enlace,
Pour ne vous quitter qu'au cercueil.
J'ai combattu les divines phalanges,
Du ciel j'ai chassé Lucifer,
Et j'ai précipité les anges
Dans les gouffres de l'Enfer.

L'Orgueil est roi suprême, etc.

AIR *des trois Couleurs.*

Que dites-vous ? ah ! je vous en supplie,
Laissez la pourpre à ces deux orgueilleux !
Voulez-vous donc que la pauvre Azelie
Devienne ingrate, insensible comme eux ?
La vanité mène à l'ingratitude,
Tous nos devoirs sont par elle oubliés ;
Gage d'orgueil, gage de servitude,
Je vous méprise, et je vous foule aux pieds !

Air :

Oubliez-vous quand la foudre grondait,
Quand les éclairs brillaient sur notre tête,
Tout présageait une affreuse tempête,
Lorsque du port mon père s'éloignait!
Ma sœur et moi sur le rivage,
Les mains vers Dieu, dans ce cruel moment,
  D'accomplir un pèlerinage
  Nous avons fait le serment !
Partons, partons, c'est le Ciel qui l'ordonne!
Croyez-vous donc qu'au parjure il pardonne ?
Malheur, malheur à qui se fait un jeu
Du serment solennel qu'il a fait à son Dieu ?

Air : *Cependant je doute encore.*

Mais qu'est-ce donc qui me touche,
Et qui cause mon émoi ?
C'est une petite mouche
Qui voltige autour de moi.
Vite, enfilons mon aiguille,

(*A la mouche qui la pique.*)

Ah ! nous allons nous brouiller !
Petite mouche gentille,
Va rejoindre ta famille ;
Oh ! laisse-moi travailler.

DEUXIÈME COUPLET.

Encore ! elle recommence.

(Attrappant la mouche.)

Ah ! je te tiens et tu mourras...
L'immoler à ma vengeance,
Elle ne se défend pas...
D'un meurtre une jenne fille
Ne doit jamais se souiller !
Petite mouche gentille,
Va rejoindre ta famille,
Et laisse-moi travailler.

AIR : *Ronde des deux Maîtresses.*

C'est le Champagne,
Vin de Cocagne,
Philtre enchanteur crée par Lucifer!
Vider nos tonnes,
Que nos Bretonnes
Boivent ce vin, chef-d'œuvre de l'enfer!
C'est un poison dont le goût électrise,
C'est un démon qu'on avale gaîment,
C'est le nectar qui de la gourmandise
Est aujourd'hui le premier talisman!
Vin des grisettes,
Vin des lorettes,

L'amour lui doit ses plus chères faveurs.
    Quand ce vin mousse
    La vie est douce,
Et le péché peut s'emparer des cœurs.
C'est le secret de beaucoup de faiblesses,
C'est le fléau des malheureux époux !
Serments d'amour, baisers, tendres caresses,
Ce n'est pas cher : quatre francs dix sous.
    Prodige étrange,
    Par lui tout change,
A la laideur il donne des appas,
    De la science
    A l'ignorance,
Et de l'esprit à ceux qui n'en ont pas.
S'il le voulait, par sa toute-puissance,
Ce vin joyeux, évitant plus d'un choc,
Dans un banquet réunirait la France,
Abd-el-Kader et le roi de Maroc !...
    C'est le champagne,
    Vin de Cocagne,
Philtre infernal créé par Lucifer !
    Videz nos tonnes,
    Que nos Bretonnes
Boivent ce vin, chef-d'œuvre de l'enfer !

FIN.

Imp. Pollet et Cie, rue St-Denis, 380.